Helga Rosemann

Flammkuchen

Ein Streifzug durch das Land der Flammkuchen mit vielen Rezepten und Anregungen

höma
VERLAG

Impressum

HMV höma-Verlags GmbH & Co.KG
Im Schlangengarten 56
76877 Offenbach
Tel: 06348-959391
Fax: 06348-959392
E-Mail: info@hoema-verlag.de
www.hoema-verlag.de
Geschäftsführer: Dieter Mauer

Texte:
Helga Rosemann
Redaktion:
Dieter Hörner

Fotos:
Karlheinz Schmeckenbecher,
Tarte Gourmet
Titelbild: Rolf Goosmann

Layout und Gestaltung:
CityMedia Publishing
Hauptstraße 17
76877 Offenbach
Tel: 06348-9836-0
Fax: 06348-9836-11
E-Mail: info@citymedia-offenbach.de

Druck:
Heinrich Fischer
Rheinische Druckerei GmbH
Mainzer Straße 173
67547 Worms
Tel: 06241-4253-0
Fax: 06241-425339

Kleine Geschichte des Flammkuchens

Jeden Tag hört man in den Nachrichten von den Versuchen unserer Politiker, die europäischen Staaten einander näher zu bringen, vielleicht eines Tages sogar so etwas wie die Vereinigten Staaten von Europa zu schaffen. Nun, Flammkuchen sind eine echt europäische Spezialität, die sowohl in die deutsche Pfalz als auch in das französische Elsass gehört. Dort nennt man sie „Flammekueche" oder französisch *tarte flambée*. Der Grund, warum die Flammkuchen so „grenzübergreifend" gegessen werden, ist, dass ihre Herkunft bis ins 4. Jahrhundert zurückreicht, also bis lange vor der Entstehung unserer heutigen Nationalstaaten. Denn die Erfinder des Flammkuchens waren wohl die Franken, ein westgermanischer Stamm, der im 5. Jahrhundert die Gebiete links des Rheins dauerhaft eroberte. Die Franken waren nicht nur verantwortlich für die Gründung des Fränkischen Reiches (also des heutigen Frank-Reich) unter König Chlodwig († 511), sondern haben auch in der Geschichte der Stämme östlich des Rheins eine große Rolle gespielt. Der Brockhaus nennt die Franken gar „die belebende Kraft der abendländischen Geschichte".

Bis zur Erfindung des modernen Backofens wurden die Flammkuchen in großen gemauerten Öfen hergestellt. Diese kann man teilweise noch in den Ruinen mittelalterlicher Burgen bewundern, von denen es in der Pfalz so viele gibt. Vor einigen Jahren erklärte mir ein freundlicher Archäologe, der an der Ruine Schlössl über Klingenmünster arbeitete, sozusagen vor Ort, wie man sich die Herstellung des Flammkuchens wohl vorzustellen hat. Er wurde in schweren Steinbacköfen vor dem Brot gebacken. Dies geschah nicht nur, um die erste starke Hitze dieser holzgefeuerten Öfen auszunutzen, sondern auch, um die Hitze zu testen, damit das Brot – damals wie heute ein kostbares Gut – dem Ofen zur richtigen Zeit übergeben werden konnte. Damit wollte man verhindern,

dass das Brot verbrannte oder durch ungenügende Hitze nicht gelang. Später begann man, die Testkuchen mit den Resten aus Küche und Speisekammer zu belegen.

Aufgrund der weiträumigen Ausbreitung der fränkischen Kultur gibt es ähnliche Kuchen aus dünn ausgerolltem Brotteig auch in anderen Teilen Deutschlands. Im Württembergischen kennt man den so genannten Hitzekuchen, in Hohenlohe und Franken den Blootz oder Blaatz. In Hessen heißen ähnlich dünne Kuchen „Ploatz" oder „Bloads". Die Oberschwaben nennen sie „Dinnete". Auf den Fildern, südöstlich von Stuttgart, sind die Kuchen kleiner und länglich und werden „Deie" genannt.

So ist aus dem ursprünglich dünnen Teig von Region zu Region eine abgewandelte Spezialität hervorgegangen.

Übrigens muss die italienische Pizza den gleichen Ursprung haben. Die Elsässer sagen deshalb von ihrem Flammkuchen gern *vieille pizza* und wollen damit die Überzeugung bekunden, dass zuerst der Flammkuchen da war und dann die Pizza.

Einleitung

Als wir vor zehn Jahren in die Südpfalz zogen, lernte ich Flammkuchen, eine der bekanntesten Spezialitäten dieser herrlichen Gegend, kennen und schätzen (eine andere ist übrigens Saumagen, der schon Alt-Bundeskanzler Helmut Kohl so gut schmeckte). Zunächst backte ich nur Rezepte nach, die ich aus hiesigen Restaurants oder von Freunden kannte. Schnell aber kam mir der Wunsch, Abwechslung in meine Flammkuchen zu bringen, sodass ich begann, meine Backware nach eigenen Ideen zu belegen. Meine Flammkuchen fanden glücklicherweise großen Zuspruch, und ich erntete Lob von allen Seiten. Das hat mich veranlasst, aus diesen Ideen Rezepte zu machen und für alle Flammkuchen-Freunde aufzuschreiben. Es gibt sehr viele Möglichkeiten, den Belag zu variieren. Der Flammkuchen kann sowohl salzig als auch süße Nachspeise sein. Man sollte aber immer bedenken, dass es sich beim Flammkuchen um ein eher dürftig belegtes Backwerk handelt. Also nicht übertreiben beim Belegen: ein Flammkuchen ist keine amerikanische Pizza!

Der traditionelle Flammkuchen hat einen Boden aus Hefeteig. Man backt ihn nicht in einer Form, sondern direkt auf dem Ofenblech oder, sofern noch ein Steinbackofen da ist, direkt auf dem Stein. Nicht alle Rezepte in diesem Büchlein verwenden aber diesen traditionellen Teig. Das Leben in dieser Region mit ihrer wechselvollen Geschichte gleich an der französischen Grenze, aber auch eine alte Liebe zu Frankreich haben mich dazu inspiriert, einige Rezepte in dieses Büchlein aufzunehmen, die zwischen dem eigentlichen Flammkuchen und der lothringischen Quiche liegen. Anders als der Flammkuchen wird die Quiche immer in einer Form gebacken.

Für den Boden nimmt man hier einen Mürbeteig. Die von der Quiche beeinflussten Rezepte erlauben es, für den Belag sowohl ein Ei als auch einen üppigeren Schuss Sahne zu verwenden. Ohne diese Zutaten würde der für diese Kuchen verwendete Belag beim Backen austrocknen. Vielleicht gefällt Ihnen ja diese Variante. Probieren Sie's als Abwechslung doch einfach mal aus.
Die Grundrezepte für beide Teige sind hier möglichst genau beschrieben. Auch wenn manches kompliziert scheint, so sind sie doch recht einfach und schnell herzustellen.
Aber natürlich gibt es im Handel auch sehr gute fertige Böden.

Nun wünsche ich Ihnen viel Freude und Backerfolg mit diesem Büchlein.

Guten Appetit!
Ihre Helga

Tipps

Einige wichtige Hinweise müssen, bevor das große Flammkuchenbackfest stattfindet, noch gegeben werden.

1. Der Boden soll so dünn wie möglich ausgerollt werden.

2. Ein wirklich guter Flammkuchen ist immer eher sparsam belegt.

3. Auch wenn das nicht in jedem Rezept ausdrücklich gesagt wird, kann immer eine Mischung aus Quark und Crème fraîche oder Sauerrahm für das Bestreichen des Bodens verwendet werden.

4. Einer der wichtigsten Punkte: Der Backofen muss immer vorgeheizt sein, ehe der erste Flammkuchen eingeschoben werden kann. Die genaue Hitzestufe müssen Sie selbst bestimmen. Jeder Backofen hat seine eigenen Tücken. Beim Backen mit Umluft ist die Temperatur stets 20-30° niedriger einzustellen.

5. Den Flammkuchen nicht bis zum Rand belegen, sondern ruhig ein-zweifingerbreit frei lassen. Der herrlich knusperige Rand schmeckt wunderbar und die Stücke lassen sich zum Essen besser in die Hand nehmen.

6. Ob die Zwiebeln angebraten werden oder roh auf dem Kuchen landen, das bestimmt ein jeder für sich. Verwendet man sie roh, dann aber bitte in sehr dünne Scheiben geschnitten und eventuell halbiert. Auch fein Hacken ist erlaubt.

7. Flammkuchen müssen frisch und heiß serviert werden. Die Regel lautet: Die Gäste müssen warten, nicht der Flammkuchen.

Hefeteig selbst gemacht

Als Grundlage für einen Hefeteig gilt: Alle Zutaten sollen Raumtemperatur haben und die Hefe darf nie direkt mit Salz in Berührung kommen.

Hefeteig für 4 Flammkuchen

Zubereitung

In einem kleinen Napf die zerbröckelte Hefe oder die Trockenhefe mit etwas lauwarmem Wasser auflösen. Das Mehl kommt in eine Schüssel, in die Mitte drückt man eine Kuhle und gießt die Hefe-Wassermischung hinein. Mit einem Tuch bedeckt muss dieser Vorteig an einem warmen Platz etwa 20 Min. aufgehen. Er soll als Hügel aus dem Mehlring herausragen und an der Oberfläche Risse zeigen. Mit Öl, Salz und weiterem warmen Wasser geht dann mittels der Knethaken des Handrührstabes die Arbeit weiter. Erst auf kleiner Stufe, schließlich mit voller Kraft den Teig bearbeiten, bis er elastisch ist, sich von der Schüssel löst und als Kugel an die Haken krallt.

Also abstreifen, eine Arbeitsplatte leicht mit Mehl bestäuben und den Teig nochmals von Hand durchkneten, bevor er in der mit einem Tuch bedeckten Schüssel zu doppelter Größe aufgehen muss. Das kann 20–30 Min. dauern, aber auch länger, nur verdoppelt haben muss er sich, ehe die Arbeit weitergehen kann.

Dann ist es an der Zeit, den Boden für die Flammkuchen auszurollen. Sehr dünn soll er sein, gebacken wird entweder direkt auf dem Ofenblech ohne jede Unterlage oder auf Backpapier. Im Steinofen natürlich direkt auf dem heißen Stein.

Wenn's ans Backen geht, greifen wir aus Gewohnheit meist nach dem Mehl vom Typ 405. Für Flammkuchenteig sollte ruhig auch einmal eine andere Sorte genommen werden,

Zutaten für 4 Flammkuchen von etwa 28 cm Ø:

- 300 g Mehl,
- ½ Päckchen frische Hefe (42 g) oder ½ Päckchen Trockenhefe,
- 4 EL Sonnenblumenöl,
- 1 1/2 TL Salz,
- gut 1/8 l lauwarmes Wasser.

eine kräftigere, die gleichzeitig mehr Vitamine und Mineralstoffe enthält. Sehr gut eignet sich Typ 1050, den es auch als Dinkelmehl gibt. Der Boden ist nicht mehr nur einfach Unterlage, sondern er verbessert den Flammkuchen durch seinen kräftigen Geschmack. Machen Sie selbst den Versuch, Sie werden überrascht sein.

Tipp

Noch ein kleiner, aber wichtiger Hinweis muss hinzugefügt werden: Ein Flammkuchen soll frisch aus dem Ofen serviert und heiß gegessen werden.

Diese traditionelle Version des Flammkuchens wird in der Südpfalz überall, auch auf Bauernmärkten und ähnlichen Veranstaltungen, angeboten. In der einfachsten Form ist der Kuchen dünn mit Rahm bestrichen und mit Speck und Zwiebeln belegt. Als Bereicherung kommen dann Knoblauch oder Käse oder auch beides hinzu. Das folgende Rezept sieht Crème fraîche, Speck und Zwiebeln vor und lässt Ihnen die Wahl der weiteren Zutaten.

Der klassische Flammkuchen

Aus dem Hefeteig, wie auf Seite 10–11 beschrieben, 4 sehr dünne Böden ausrollen. Als Alternative bietet sich aber auch der Flammkuchenteig an, der auf der Seite 16 beschrieben ist. Auch bei größter Mühe wird der Hefeteig am Ende immer dicker ausfallen, als die in diesem Rezept verwendete, moderne Form des Flammkuchenbodens.

Zubereitung

Zunächst den Speck kleinwürfelig schneiden und zur Seite stellen. Zwiebeln schälen, in feine Stückchen schneiden und unter Zugabe der Butter in einer Pfanne glasig dünsten. Etwas abkühlen lassen, ehe sie auf dem Boden verteilt werden. Crème fraîche und Quark mischen, salzen und pfeffern. Die Salzmenge richtet sich nach dem Speck. Ist er eher laff, etwas mehr Salz, ist er eh schon salzig, lieber wenig oder auch gar kein weiteres Salz zugeben. Aber etwas Muskat oder auch Pfeffer sollte zum Würzen genommen werden. Die Mischung aus Crème und Quark auf den Böden verteilen, darüber die Speckwürfelchen und die Zwiebeln streuen. Den Backofen auf höchster Stufe vorheizen und die Flammkuchen 5–10 Min. bei Ober- und Unterhitze backen. In Stücke geschnitten heiß servieren.

Alternative

Eine sehr gute Alternative zu den Zwiebeln sind Frühlingszwiebeln mit ihrem frischen Grün. Aber auch eine Mischung aus beiden ist möglich.

Dazu empfehle ich Jubiläums-Symphonie Riesling trocken QbA

Für den Belag benötigt man:

- 3 große Zwiebeln,
- 300 g geräucherten, durchwachsenen Speck,
- 2 EL Butter,
- 150 ml Crème fraîche,
- 250 g Magerquark,
- Salz und Muskatnuss.

Bei dieser Variation handelt es sich um den klassischen Flammkuchen, der um die inzwischen auch als Salat sehr beliebten Rucolablätter bereichert wird.

Flammkuchen mit Rucola

Zubereitung

Den Speck in kleine Würfel oder Steifen schneiden. Die Zwiebeln schälen und würfeln. In etwas Butter in einer Pfanne leicht anbraten. Auf die Böden zuerst die mit Salz und Pfeffer gewürzte Crème fraîche streichen, Speckwürfel und Zwiebeln drüberstreuen. Den Flammkuchen im vorgeheizten Backofen auf höchster Stufe 5–10 Min. bei Ober- und Unterhitze backen.

Erst danach werden die frischen Rucolablätter auf den Kuchen verteilt. Jeweils etwa 20 Blättchen. Und für jeden, der mehr möchte, bietet man den Rest separat an.

Dazu empfehle ich Jubiläums-Symphonie Sauvignon blanc trocken QbA

Für den Belag von 4 Flammkuchen braucht man folgende Zutaten:

- ✓ 2 große Zwiebeln,
- ✓ 250 g geräucherten, durchwachsenen Speck,
- ✓ 2 EL Butter,
- ✓ 200 g Crème fraîche (oder eine Mischung aus Quark und Crème fraîche),
- ✓ Salz,
- ✓ frisch gemahlenen schwarzen Pfeffer,
- ✓ 1 Bund Rucola.

Wer nicht mit Hefe backen möchte, sollte diese moderne Version des Flammkuchenbodens wählen, die sehr schnell herzustellen ist. Der Teig ist dem Strudelteig ähnlich, man kann ihn also problemlos sehr dünn ausrollen.
Für eine größere, fröhliche Runde, für die 5 Flammkuchen kein Problem sind, ist dieses Rezept bestimmt.

Flammkuchen für eine fröhliche Runde

Zubereitung

Aus 500 g Mehl, 250 ml Wasser, 6–8 EL Öl, 1 TL Salz wird ein Teig geknetet und solange bearbeitet, bis er elastisch ist. In ein feuchtes Tuch gewickelt, soll er dann 1 Stunde im Kühlschrank ruhen, ehe er weiterverarbeitet wird.
Die Menge ergibt 5 hauchdünne Böden, die man sowohl rund als auch eckig ausrollen kann. Der Backofen muss auf höchster Stufe vorgeheizt sein, ehe man den ersten Kuchen zum Backen einschieben kann.
Quark, Crème fraîche oder Sauerrahm mischen, mit Salz, Pfeffer und Muskatnuss würzen. Auf jeden Boden 4–5 EL von dieser Mixtur streichen. Die Zwiebeln in Ringe schneiden oder fein hacken. In etwas Butter andünsten, sie werden so vorbereitet bekömmlicher. Speck und Zwiebeln auf die vorbereiteten Flammkuchen streuen und diese nacheinander backen.

Zutaten für die 5 Flammkuchen:

- ✓ 500 g Mehl,
- ✓ 250 ml Wasser,
- ✓ 6–8 EL Öl,
- ✓ 1 TL Salz.

Für den Belag:

- ✓ 250 g Magerquark,
- ✓ 200 g Crème fraîche oder Sauerrahm,
- ✓ 500 g Speck oder Schinkenwürfel,
- ✓ 4 große Zwiebeln / Gemüsezwiebeln,
- ✓ Salz,
- ✓ Pfeffer,
- ✓ nach Belieben Muskat.

Die Backzeit beträgt jeweils etwa 10 Min. Die Oberfläche sollte gebräunt und die Ränder knusprig sein.

Tipp

Auf einem Holzbrett wird der Flammkuchen in Stücke geschnitten serviert. Die ganze fröhliche Runde lässt es sich schmecken, und schon bald kommt Nachschub.

mit Lauch

Wenn Sie Ihren Flammkuchen einmal ganz eilig herstellen möchten, so versuchen Sie's doch mit einem fertigen Boden oder auch mit einer Brotbackmischung.

Flammkuchen mit Lauch und Käse

Zubereitung

Den gewaschenen Lauch in ½ cm dicke Scheiben schneiden, blanchieren, auf ein Sieb gießen und abtropfen lassen.
In einem Topf die Butter schmelzen, den Lauch einfüllen, schwenken, bis alle Teile gleichmäßig mit Butter überzogen sind. Den Speck in dünne Streifen schneiden. Quark und Crème fraîche mischen, salzen und pfeffern. Diese Crème fraîche-Quarkmixtur auf dem Boden verstreichen, darüber kommen Speck und Lauch, zuletzt wird noch mit dem geriebenen Käse überstreut. Im vorgeheizten Backofen 250–300° den Lauchflammkuchen in 5–10 Min. bei Ober- und Unterhitze goldgelb backen und noch heiß, in Stücke geschnitten servieren.

Die Zutaten sind für ein großes Backblech bestimmt:

- ✓ 400 g Lauch (die weißen Teile und auch etwas vom Grün),
- ✓ 200 g magerer, geräucherter Speck,
- ✓ 200 g Magerquark,
- ✓ 100 g Crème fraîche,
- ✓ 100 g geriebener Schweizer Käse,
- ✓ 2 EL Butter,
- ✓ zum Würzen Salz und frisch gemahlener schwarzer Pfeffer.

Tipp

Die Backzeit wird immer variieren, hängt also sehr von der Hitze Ihres Backofens ab. Je heißer der Ofen, desto kürzer die Backzeit, und desto besser der Flammkuchen.

Alternative

Verwenden kann man für diesen Kuchen sowohl einen Hefe- als auch einen Flammkuchenteig.

„mit Münsterkäse

Diese typisch elsässische Spezialität, mit dem richtigen kräftigen Münsterkäse zubereitet, ist ein gelungener Begleiter zu einem kühlen herben Weißwein.

Flammkuchen mit Münsterkäse

Zubereitung

Zunächst den Speck in schmale Streifen schneiden, die Zwiebel in Ringe, die dann geviertelt werden. Der Käse wird mit einem angefeuchteten Messer in dünne Scheiben geschnitten. In einer Pfanne den Speck auslassen, dann auf ein Küchenpapier zum Abtropfen legen. Die Zwiebeln im Speckfett glasig dünsten. Speck und Zwiebeln auf dem Boden verteilen, darauf dann den Münsterkäse legen und diesen Belag mit dem Kümmel überstreuen. Im vorgeheizten Backofen, auf höchster Stufe, bei Ober- und Unterhitze nicht länger als höchstens 10 Min. backen.

Alternative

Man kann auch den ohne Hefe zubereiteten Teig verwenden.

Für den Belag:

- 300 g Münsterkäse,
- 200 g magerer, durchwachsener Speck, geräuchert,
- 2 mittelgroße Zwiebeln,
- 4 TL Kümmelsamen.

Für 4 Flammkuchen mit einem Durchmesser von etwa 28 cm braucht man:

- 300 g Mehl,
- ½ Päckchen Hefe (frisch oder trocken),
- 2 EL Öl,
- 200 ml warmes Wasser,
- 1 TL Salz.

Aus diesen Zutaten den auf Seite 10–11 beschriebenen Teig vorbereiten.

Dazu empfehle ich Riesling trocken QbA

Sowohl ein Hefeteig als auch ein Flammkuchenteig sind hier sehr gut geeignet. Immer aber muss der Boden so dünn ausgerollt werden wie eben möglich. Nur dann wird Ihr Flammkuchen gut gelingen. Die Ränder werden wunderbar braun und kross.

Flammkuchen mit Pfifferlingen

Zubereitung

Wenn nicht der für Flammkuchen vorbereitete, gewürfelte Speck verwendet wird, empfiehlt es sich, den Speck beim Einkauf in etwa 3 mm dicke Scheiben schneiden zu lassen. Das Teilen in Streifen oder Würfel geht so viel einfacher. Die Pfifferlinge gründlich säubern, wenn nötig kurz waschen, abtropfen und mit Küchenpapier trockentupfen. Größere Pilze in Stücke schneiden. Die Pfifferlinge verlieren,

wenn man sie zu lange im Wasser lässt, sehr viel von ihrem Aroma. Das Öl in einer Pfanne erwärmen und darin die kleinwürfeligen Zwiebeln goldgelb braten. Dann kommen die Butter dazu und die Pilze, die unter stetem Schwenken der Pfanne gedünstet werden. Das muss zügig gehen, sie sollen nur kurz gedünstet werden. Die mit Salz und Pfeffer gewürzte Crème fraîche auf den Böden verstreichen, Zwiebel, Pfifferlinge und Speck drüberstreuen und die Flammkuchen in dem auf höchster Stufe vorgeheiztem Backofen 10 Min. bei Ober- und Unterhitze backen. Über jeden Kuchen 1 EL Schnittlauchröllchen streuen und in Stücke geschnitten servieren.

Zum Belegen von 4 Flammkuchen benötigt man:

- ✓ 250 g geräucherten, durchwachsenen Speck,
- ✓ 2 mittelgroße, kleinwürfelig geschnittene Zwiebeln,
- ✓ 400 g frische Pfifferlinge,
- ✓ 2–3 EL Öl,
- ✓ 1 EL Butter,
- ✓ 200 g Crème fraîche,
- ✓ Salz,
- ✓ frisch zerstoßenen schwarzen Pfeffer,
- ✓ 4 EL Schnittlauchröllchen.

mit Bärlauch

Dieser Flammkuchen kann zwar nur während der kurzen Zeit, wenn der Bärlauch mit seinem frischen Grün auf den Märkten zu kaufen ist, gebacken werden. Aber wenn Sie einem Sträußchen begegnen, probieren Sie ruhig auch diese Variation einmal aus.

Flammkuchen mit Tomaten, Bärlauch und Ziegenkäse

Zubereitung

Die Tomaten 20 Sek. in kochendes Wasser tauchen, abschrecken und enthäuten. Quer durchschneiden, Stielansätze und Kerngehäuse entfernen. Dieser Vorgang lohnt, wenn man weder Tomatenhaut in langen Fäden noch die beim Backen austretende Feuchtigkeit der Tomaten in Kauf nehmen möchte. Die Tomaten in ½ cm dicke Scheiben schneiden und auf Küchenpapier legen.

Zuerst die mit etwas Salz und Pfeffer gewürzte Crème fraîche auf den Böden verstreichen, darüber spiralförmig die Tomatenscheiben legen. Den Bärlauch unter fließendem Wasser abbrausen, mit Küchenpapier ganz trocken tupfen, mit einer kleinen Schere die Blätter in feine Streifen schneiden und auf die Tomaten rieseln lassen.

Die Menge des Bärlauchs bestimmt jeder für sich; nur ist zu bedenken, dass es sich hier um ein Gewürz handelt – also nicht die Tomaten mit einer dichten Schicht Bärlauch bedecken.

Eher kann man nach dem Backen noch einige frische Blätter auf die Flammkuchen legen. Die kleinen Ziegenkäse noch in Scheibchen schneiden, auf den Kuchen verteilen und mit Pfeffer bestreuen. Der Backofen ist indessen auf 250–300° vorgeheizt. Die Flammkuchen auf der mittleren Einschubleiste bei Ober- und Unterhitze 10 Min. backen.

Dazu empfehle ich Dornfelder halbtrocken QbA

Alternative

Für den Boden kann ein sehr dünn ausgerollter Hefeteig, aber ebenso gut ein Flammkuchenteig genommen werden.

Für 2 runde Flammkuchen mit 28–30 cm Ø sind diese Zutaten ausreichend:

- ✓ 4 reife Tomaten,
- ✓ 2 kleine Ziegenkäse von je 40 g,
- ✓ 1 Bund Bärlauch,
- ✓ 6 EL Crème fraîche,
- ✓ Salz,
- ✓ frisch gemahlener schwarzer Pfeffer.

Auch wenn hier Tomaten und Thunfisch verwendet werden, ist dies nicht gleich eine Pizza!

Flammkuchen mit Tomaten und Thunfisch

Zubereitung

Von dem Thunfisch die Flüssigkeit abgießen, anschließend zum Abtropfen auf ein Küchenpapier legen. Den Fisch dann mit einer Gabel zerpflücken und mit dem Öl beträufeln. Die Tomaten 20 Sek. in kochendes Wasser tauchen, kalt abschrecken und häuten. Anschließend werden sie halbiert, die Kerngehäuse und Stielansätze entfernt und in 1 cm dicke Scheiben geschnitten. Auch den Mozzarella in 1 cm dicke Scheiben schneiden, den Knoblauch dünn hobeln. Auf den vorbereiteten Böden die Crème fraîche verstreichen, salzen und mit etwas Pfeffer überstreuen. Mit Tomaten belegen, Thunfisch und Knoblauch noch verteilen und zuletzt mit den Käsescheiben belegen. Bei höchster Stufe, 300° ist ideal, wird der Flammkuchen im vorgeheizten Backofen auf der mittleren Schiene bei Unter- und Oberhitze gebacken – nicht länger als 6–9 Min., dann sollte der Käse leicht gebräunt und die Kuchen fertig gebacken sein. Vor dem Servieren noch mit den Thymianblättchen bestreuen.

Für zwei dünn ausgerollte Hefeteig- oder Flammkuchenteigböden mit 28–30 cm Ø benötigt man:

- ✓ 1 Dose Thunfisch ohne Öl (140 g Abtropfgewicht),
- ✓ 3–4 reife Tomaten,
- ✓ 4 EL Crème fraîche,
- ✓ 1 Mozzarella-Käse von 125 g,
- ✓ 2 Knoblauchzehen,
- ✓ ¼ TL Salz,
- ✓ frisch im Mörser zerstoßenen schwarzen Pfeffer,
- ✓ 2 EL Olivenöl,
- ✓ 1 EL Thymianblättchen.

Dazu empfehle ich Edition Mild Riesling QbA

Allen Flammkuchen-Freunden, die gerne mal etwas anderes ausprobieren möchten, müsste diese Kreation sehr gefallen. Für 4 Personen sollten 2 Hefeteigböden von 28–30 cm Ø oder 4 kleinere vorbereitet werden.

Thunfisch-Flammkuchen

Zubereitung

Den Thunfisch abtropfen lassen und mit einer Gabel in nicht zu kleine Stücke zerteilen. Den geschälten Knoblauch sehr fein hacken, mit Salz, Pfeffer, dem Thymian und dem Olivenöl unter den Thunfisch mischen. Die Artischocken abtropfen lassen und mit Küchenpapier trockentupfen. Große Herzen durchschneiden. Artischocken und Thunfisch auf den Böden verteilen. Den Parmesan mit Eigelb und Crème fraîche verrühren und auf den Kuchen verstreichen. Den Backofen auf 220° vorheizen und die Flammkuchen 20 Min. auf der mittleren Schiene backen. Mit den Schnittlauchröllchen bestreuen und heiß servieren.

Dazu empfehle ich Jubiläums-Symphonie Gewürztraminer lieblich QbA

Zutaten für den Belag:

- ✓ 2 Dosen Thunfisch ohne Öl von je 140 g Abtropfgewicht,
- ✓ 2-3 Knoblauchzehen,
- ✓ 10 Artischockenherzen aus der Dose,
- ✓ ½ TL Salz,
- ✓ frisch gemahlener weißer Pfeffer,
- ✓ 3 EL Olivenöl,
- ✓ 2 Eigelb,
- ✓ 150 ml Crème fraîche,
- ✓ 4 EL Parmesankäse, frisch gerieben,
- ✓ 2 EL Schnittlauchröllchen.

Seit einiger Zeit tauchen hier auch griechische Flammkuchen auf. Sie werden auf Weinfesten angeboten, aber ebenso in Restaurants. Dies ist ein Rezept, das ich nach verschiedenen Probeessen für Sie zusammengestellt habe.

Flammkuchen nach griechischer Art

Zubereitung

Die Tomaten mit kochendem Wasser übergießen, 20 Sek. stehen lassen, die Haut abziehen, das Kerngehäuse entfernen und in Würfel schneiden. Die Pfefferonen in Ringe schneiden; zum Abtropfen empfiehlt es sich, sie auf Küchenpapier zu legen. Knoblauch und auch Zwiebel sehr fein hacken und den Schafskäse schließlich noch in Würfel teilen. Das Öl, am besten mittels eines Backpinsels, auf dem Boden verstreichen. Tomatenwürfel, Pfefferronen, Zwiebeln und Knoblauch drüberstreuen, desgleichen die Käsewürfel und die schwarzen Oliven. Den Backofen auf höchster Stufe

Dazu empfehle ich Dornfelder Barrique trocken QbA

Diese Zutaten sind ausreichend für einen Flammkuchen:

- ✓ 150 g Tomaten,
- ✓ 2 Pfefferonen (Pepperoni),
- ✓ 60 g Schafskäse,
- ✓ 1 kleine oder 1 halbe große Knoblauchzehe,
- ✓ 2–3 EL Zwiebeln (besser sind Schalotten), sehr fein gehackt,
- ✓ 1 EL gutes, aromatisches Olivenöl eignet sich vorzüglich als Ersatz für Crème fraîche.

vorheizen, nur dann wird Ihr Flammkuchen optimal gelingen. Er muss sehr heiß und sehr kurz bei Ober- und Unterhitze gebacken werden. Allerhöchstens 10 Min.

Alternative

Für den Boden empfehle ich einen Flammkuchenteig. Zutaten und Zubereitung sind einem Strudelteig sehr ähnlich. Man kann also problemlos einen sehr dünnen Boden ausrollen. Sie finden das Rezept auf Seite 10–11. Auch die im Handel angebotenen Flammkuchenböden sind auf dieser Basis hergestellt.

Tipp

Was man beim Einkauf von Pfefferonen wissen sollte: Es werden sowohl milde als auch scharfe Schoten angeboten, und zwar immer als Konserve. Ich rate zu milden, sie haben genau die richtige Schärfe.

mit Basilikum

Der Flammkuchenteig von Seite 16, aber auch der Hefeteig (wie immer sehr dünn ausgerollt) dient hier als Boden.

Tomaten-Käse-Flammkuchen

Zubereitung

Die Tomaten 20 Sek. in kochendes Wasser tauchen, kalt abschrecken und häuten. Anschließend werden sie halbiert, ihre Kerngehäuse und Stielansätze entfernt und schließlich in 1 cm dicke Scheiben geschnitten. Auch der Käse wird in Scheiben geschnitten, die nicht mehr als 1–2 mm dick sein sollten. Die Crème fraîche mit Salz und Pfeffer würzen und auf den Böden verstreichen. Mit abwechselnd einer Tomaten- und einer Käsescheibe, die ein wenig überlappen sollen, belegen. Noch etwas Pfeffer drüberstreuen und die frisch gezupften Basilikumblättchen. Nun ab in den auf 280° vorgeheizten Backofen. Nach etwa 10 Min. ist der Käse geschmolzen und die Oberfläche leicht gebräunt.

Dazu empfehle ich Jubiläums-Symphonie Spätburgunder Barrique trocken QbA

Die Zutaten sind für 2 Flammkuchen berechnet:

- ✓ 4 große reife Tomaten,
- ✓ 100 g Schweizer Käse,
- ✓ 6 EL Crème fraîche,
- ✓ 4 EL sehr fein geschnittene Zwiebel,
- ✓ Salz,
- ✓ frisch gemahlener schwarzer Pfeffer,
- ✓ 2 EL Basilikumblättchen.

Tipp

Heiß oder warm, aber auf gar keinen Fall kalt servieren. Die Gäste müssen warten, nicht der Flammkuchen.

Pfälzische Spezialität

Eine andere pfälzische Spezialität, der Zwiebelkuchen, soll hier nicht unerwähnt bleiben.
Dieses Rezept ist für ein Kuchenblech von etwa 30 × 40 cm gedacht und sollte für 6 Personen die richtige Größe haben.

Zwiebelkuchen

Zubereitung

Das Backblech einfetten und den Teig, am besten gleich auf dem Blech, mit dem Nudelholz ausrollen. Mit bemehlten Fingern zu den Kanten hindrücken. Den Speck in kleine Würfel schneiden, in der in einer Pfanne geschmolzenen Butter leicht anbraten, herausnehmen und zur Seite stellen. Die Zwiebeln in dünne Ringe geschnitten, halbiert und geviertelt im Speckfett glasig dünnsten. Die Zwiebeln erst etwas abkühlen lassen, dann die Sahne und die leicht verquirlten Eier dazumischen. Mit Salz und Pfeffer die Mischung noch würzen. Auf dem Hefeteig zuerst die Zwiebelmischung verteilen und dann die Speckwürfelchen drüberstreuen und den Kümmel. Den Kuchen im vorgeheizten Ofen bei 200° 40 Min. backen. Noch warm wird der Zwiebelkuchen in Stücke geschnitten und serviert.

Dazu empfehle ich Schweigener Guttenberg Silvaner trocken QbA

Tipp

Für den Boden nimmt man den beschriebenen Hefeteig oder aber man mischt 250 g Weizenmehl und 150 g Roggenmehl. Dadurch bekommt man dann einen etwas dunkleren und kräftigeren Teig für den Boden.

Zutaten für den Belag:

- ✓ 250 g durchwachsener geräucherter Speck,
- ✓ 6 große Zwiebeln,
- ✓ 1 Becher Sauerrahm (200 g),
- ✓ 3 Eier,
- ✓ Salz,
- ✓ Pfeffer und Öl für das Kuchenblech,
- ✓ 2 EL Kümmelsamen.

Auch die Freunde süßer Flammkuchen sollen nicht vergessen werden. Die folgenden Vorschläge habe ich für Sie aufgeschrieben. Man kann den Belag aber ebenso gut mit anderen Früchten variieren.

Flammkuchen mit Trauben und Walnüssen

Zubereitung

Das Mehl in eine Schüssel schütten, in die Mitte eine Mulde drücken. Die Hefe zerbröckeln, mit dem Zucker bestreuen und mit etwas vom abgemessenen warmen Wasser auflösen. Diese Mixtur in die Mulde gießen, mit ein wenig Mehl vom Rand bestreuen, zudecken und an einem warmen Ort für etwa 20 Min aufgehen lassen. Wenn das Mehlhäubchen rissig geworden ist, kann die Arbeit weiter gehen. Öl und Salz kommen dazu und das restliche warme Wasser. Mit den Knethaken des Handrührgerätes wird erst auf kleiner Stufe, schließlich mit voller Kraft der Teig bearbeitet, bis er elastisch ist. Er löst sich dann vom Schüsselrand und schlingt sich um Ihre Knethaken. Also abstreifen und auf einer leicht bemehlten Arbeitsplatte von Hand durchkneten. Zu einer Kugel geformt, mit etwas Mehl bestäubt, muss der Hefeteig nochmals aufgehen. Das dauert im Idealfall 20 Min. Auf jeden Fall aber muss er sich sichtbar vergrößert haben.

Wenn Sie das Ofenblech für den Flammkuchen nehmen, dann den Teig direkt auf dem leicht mit etwas Öl bestrichenen Blech ausrollen und mit den Fingern an die Ränder ziehen und festdrücken. Sonst aus dem Teig 2 sehr dünne Böden ausrollen. Die Trauben teilen und, wenn es keine kernlosen sind, entkernen. Die Walnüsse grob hacken. Beides, Trauben und Nüsse, auf dem Boden verteilen. Mit einem Quirl Ei und Crème schaumig schlagen, mit etwas Muskat und dem Zucker würzen und über die Füllung gießen. Noch mit den Thymianblättchen bestreuen und dann ab in den Backofen. Auf der mittleren Einschubleiste, im auf 220° vorgeheizten Ofen, den Flammkuchen etwa 20 Min. backen und heiß servieren.

Zutaten für 2 Böden von 28 cm Ø oder für ein Ofenblech:

- ✓ 250 g Mehl,
- ✓ 20 g Hefe,
- ✓ 2 EL Walnussöl,
- ✓ 1 TL Zucker,
- ✓ 1 Prise Salz,
- ✓ 1/8 l lauwarmes Wasser.

Für den Belag benötigt man:

- ✓ 500 g Weintrauben (weiße kernlose Früchte sind zu empfehlen, aber auch eine Mischung aus weißen und blauen Trauben ist möglich),
- ✓ 75 g Walnusskerne,
- ✓ 1 großes Ei,
- ✓ 150 ml Crème double,
- ✓ 2 EL Thymianblättchen,
- ✓ 2 EL feiner Zucker,
- ✓ 1 Prise Muskatnuss.

mit Mirabellen

Für diesen süßen Mirabellenflammkuchen empfehle ich den Hefeteig, der für den Trauben-Walnusskuchen auf Seite 36 beschrieben ist.

Flammkuchen mit Mirabellen und Geist

Zubereitung

Auf dem vorbereiteten, sehr dünn ausgerollten Boden wird zunächst die Crème double verstrichen und mit etwas Zukker bestreut. Die Mirabellen entkernen und die Hälften dann kreisförmig auf dem Boden verteilen. Dabei liegt die Haut unten, und die Früchte werden leicht angedrückt.
Im auf 280° gut vorgeheizten Backofen auf der mittleren Einschubleiste bei Ober- und Unterhitze 3 bis 5 Min. bakken. Den restlichen Zucker über den Kuchen streuen, den Mirabellengeist drübergießen und das Werk Ihrer Backkunst anzünden.

Dazu empfehle ich Scheurebe lieblich QbA

Für den Belag eines Bodens benötigt man:

- 500 g Mirabellen,
- 60 g Zucker,
- 2 EL Butter,
- 50 ml (4 EL) Crème double,
- 3 EL Mirabellengeist zum Flambieren.

Tipp

Leider kann dieser Flammkuchen nur kurze Zeit – nämlich im Sommer, wenn die Früchte auf dem Markt sind – gebakken werden. Es ist aber durchaus lohnend, auch dieses Rezept einmal auszuprobieren.

Für diesen süßen Flammkuchen ist der Hefeteig geeignet, wie er für Flammkuchen mit Trauben und Walnüssen beschrieben ist.

Flammkuchen mit Bananen und Rum

Zubereitung

Die Bananen schälen, in Scheibchen von 1 cm Dicke schneiden und mit dem Zitronensaft beträufeln. Die Piment-Körner im Mörser zerstoßen. Auf dem vorbereiteten Boden zunächst die dicke Sahne verstreichen, darauf die Bananenscheiben hübsch im Kreis verteilen, mit dem Piment und dem Zucker bestreuen. Den Bananen-Flammkuchen im auf 280° vorgeheizten Backofen bei Ober- und Unterhitze auf der mittleren Einschubleiste etwa 10 Min. backen. Herausnehmen, mit dem Rum begießen und vor den Gästen anzünden. Den Flammkuchen heiß, in Stücke geschnitten servieren.

Für den Belag eines Kuchens benötigt man:

- ✓ 2 Bananen,
- ✓ 3 EL Zucker,
- ✓ 10–12 Piment-Körner,
- ✓ 4 EL Crème double,
- ✓ etwas Zitronensaft,
- ✓ 3–4 EL 54%igen Rum.

Dazu empfehle ich Eiswein Cabernet Sauvignon Blanc de Noir

Geeignet ist der Hefeteig, der auf Seite 36–37 für Flammkuchen mit Trauben und Walnüssen beschrieben ist, möglichst mit einem feineren Mehl (wie dem Weizenmehl vom Typ 550 oder dem Dinkelmehl Typ 630). Möglich ist auch der auf Seite 16 beschriebene Flammkuchenteig.

Flammkuchen mit Äpfeln und Calvados

Zubereitung

Den vorbereiteten Boden mit der Crème bestreichen. Die Äpfel schälen, halbieren, vom Kerngehäuse befreien und in dünne Scheiben schneiden. Leicht überlappend, spiralförmig auslegen. Zucker und Zimt mischen – so lässt der Zimt sich besser gleichmäßig verteilen – und die Äpfel damit überstreuen. Nun noch die Pinienkerne verteilen. Dann ist es an der Zeit, den Flammkuchen in den vorgeheizten Backofen zu stellen. Bei 280° im Elektroherd maximal 5 Min. bei Ober- und Unterhitze auf mittlerer Schiene backen, Umluft 250°.

Zutaten für einen Apfelflammkuchen, für den Belag:

- 2 kleine bis mittelgroße Äpfel, sehr gut eignen sich der Boskop oder auch der Delicius (im letzteren Fall mit etwas Zitronensaft beträufelt),
- 2 EL Zucker,
- ¼ TL Zimt,
- 3 EL Crème double,
- 3–4 EL Calvados,
- 2 EL Pinienkerne.

Den Flammkuchen aus dem Ofen nehmen, mit dem leicht erwärmten Calvados, wenn möglich vor den Gästen, übergießen und anzünden.

Dazu empfehle ich Jubiläums-Symphonie Scheurebe leiblich QbA

Ich wünsche Ihnen guten Appetit!

mit Zwetschen

Da möge doch niemand behaupten, Zwetschenkuchen und der Zwetschen-Flammkuchen, das sei allemal das Gleiche. Zwar haben beide als Boden gerne einen Hefeteig, aber das ist auch schon alles. Denn der Zwetschen-Flammkuchen hat nicht nur einen sehr dünn ausgerollten Boden, er hat zudem auch einen Eier-Crème-Mixtur-Aufstrich und besonders gut schmeckt das knusprige Gebäck, wenn noch ein kleines Gläschen vom Pflümli-Schnaps es zusätzlich verfeinert.
Der Hefeteig ist auf Seite 36 für Trauben-Walnuss-Flammkuchen beschrieben.

Zwetschen-Flammkuchen

Zubereitung

Die gewaschenen, schön abgetrockneten, entsteinten Zwetschen halbieren, leicht einritzen – etwa bis zur Hälfte. Die Crème fraîche, das Eigelb und 1 EL Zucker und Salz verquirlen und auf die Böden streichen. Darüber werden nun die Zwetschen verteilt, und zwar mit der Haut zu unters. Diese Flammkuchen im vorgeheizten Backofen, bei 220°, 15 bis 20 Minuten backen. Mit Zucker bestreuen und mit dem Zwetschenwasser beträufeln.

Alternative

Eine andere Variante:
Den Schnaps leicht erwärmen, über die Kuchen gießen und anzünden.

Für den Belag zweier runder Böden:

- ✓ 750-800 g Zwetschen oder auch Pflaumen, mehr oder auch weniger Zucker je nach Belieben,
- ✓ 125 g Crème fraîche,
- ✓ 1 Eigelb,
- ✓ 1 Prischen Salz,
- ✓ ein Gläschen Zwetschenwasser.

Dazu empfehle ich Edition Mild Dornfelder QbA

Rahmkuchen sind in der Pfalz wohlbekannt und sehr beliebt. Diese Variante bietet allen Rahmkuchen-Freunden, die des üppigen Bodens wegen lieber verzichten, eine gelungene, aber weniger mächtige Alternative auf Flammkuchen-Basis. Die für den Hefeteig angegebenen Zutaten sind für ein Kuchenblech bemessen oder für 2 runde Böden. Ich rolle den Boden knapp 1 cm dick aus: so wird er nicht zu dick, aber auch nicht knusprig dünn, sondern – wie Sie sehen werden – genau richtig.

Die Zubereitung des Hefeteiges ist die gleiche wie für den Flammkuchen mit Trauben und Walnüssen *(Seite 36–37)**.*

Rahm-„Flammkuchen“

Zubereitung

Der vorbereitete Teig kann sofort auf dem Backblech ausgerollt werden. Anschließend drückt man ihn mit bemehlten Fingern zum Rand der Form hin und auch ein wenig hoch. Für den Belag benötigen Sie 2 Becher frischen Landrahm von je 230 g (oder als Alternative die gleiche Menge Crème fraîche) und zusätzlich 100 g Zucker und 1 gehäuften TL Zimt zum Bestreuen. Das gelingt am besten, wenn Zucker und Zimt vorher vermischt wurden. Den vorbereiteten Hefeboden mit dem Rahm dick bestreichen, mit der Zucker-

Dazu empfehle ich Dornfelder lieblich QbA

Die Zutaten sind also:

- ✓ 350 g Mehl,
- ✓ 25 g Hefe,
- ✓ 50 g Zucker,
- ✓ 1/8 l Milch gut bemessen,
- ✓ 1 Ei,
- ✓ 75 g Butter,
- ✓ ½ TL Salz.

Die Zutaten für den Belag:

- ✓ 2 Becher frischen Landrahm von je 230 g (oder als Alternative die gleiche Menge Crème fraîche),
- ✓ 100 g Zucker,
- ✓ 1 gehäufter TL Zimt zum Bestreuen.

Zimtmixtur – recht üppig – bestreuen und backen. Im vorgeheizten Backofen die ersten 10 Min. bei 200°, dann weitere 10–15 Min. bei 150° backen.

Tipp

Der Rahmflammkuchen ist zum Nachmittagskaffee sehr beliebt. Sollte aber dennoch etwas übrig bleiben, so mundet er auch am nächsten Tag noch recht gut.

Weiterer Tipp

Ich möchte an diesem Platz keine Werbung machen, aber der frische Landrahm von Rotkäppchen eignet sich unter den ausprobierten Crèmes und Sahnen am besten. Er ist, um es ganz ausdrücklich zu sagen, für diesen Kuchen ideal.

Mürbeteig für 3 Kuchen von 30–32 cm Ø

Zubereitung

Das Mehl auf eine Arbeitsfläche sieben, Butter in Stückchen und das Salz darüber verteilen, mit den Fingerspitzen mischen und dabei zerkrümeln, bis schrotmehlgroße Flocken entstanden sind. Nun das Eiswasser darüber gießen, rasch verarbeiten und zu einer Kugel formen. Der Teig darf keinesfalls geknetet werden, er wird dann zäh. Leicht mit Mehl bestäubt und in Alufolie gewickelt, muss die Kugel dann wenigstens 30 Min. in den Kühlschrank.

5 Min. bevor der Teig weiter verarbeitet wird, nimmt man ihn aus der Kälte. Die Teigkugel auf eine mehlbestäubte Arbeitsfläche legen und mit dem Nudelholz zu einem länglichen Streifen ausrollen. Diesen dann dreifach übereinander klappen und um 90° drehen. Diese Prozedur zwei- bis dreimal wiederholen. Den Teig dann in 3 gleichgroße Portionen teilen und diese zu Platten ausrollen, dabei immer wieder hochheben und etwas drehen, so entsteht eine runde Platte. Ausgerollt sollten sie einen Durchmesser von 32–35 cm haben. Über das Nudelholz heben und in eine mit Butter ausgestrichene Form gleiten lassen. Boden und Ränder sorgfältig festdrücken. Mit einem scharfen Messer den überstehenden Teig abschneiden, mit einer Gabel vorsichtig anstechen, nicht durchstechen, mit Backpapier bedecken und dann mit trockenen Hülsenfrüchten beschweren. Im auf 200° vorgeheizten Backofen, auf mittlerer Schiene, 10 Min. backen. Hülsenfrüchte und Papier entfernen, zurück in die Röhre stellen, nach etwa 3 Min. beginnt der Teig sich von der Form zu lösen. Aus dem Ofen nehmen und auf einen Kuchenrost zum Abkühlen stellen.

Zutaten:
- ✓ 500 g Mehl,
- ✓ 2 TL Salz,
- ✓ 250 g Butter,
- ✓ 1/10 l Eiswasser.

Wenn Sie aber mal weder Lust noch Zeit haben, einen Mürbeteig zu zaubern, so kann ich Ihnen nur empfehlen, sich der im Handel erhältlichen oder bei Bäckereien angebotenen, vorbereiteten Böden zu bedienen.

Diese Variation hat einen Mürbeteigboden wie auf Seite 48 beschrieben.

„Flammkuchen" mit grünem Spargel

Zubereitung

Eine Quicheform mit weicher Butter ausstreichen, mit dem vorbereiteten Teig auslegen, backen und abkühlen lassen. Die Spargelstangen waschen, halbieren, den oberen Teil in Salzwasser 3–4 Min. kochen, abgießen, in einem kleinen Topf in 1 EL geschmolzener Butter schwenken. Den Schinken in Würfelchen schneiden. Sahne und Ei verquirlen, mit Salz und Pfeffer würzen, 1/3 der Mixtur auf dem Boden, am besten mit einem Pinsel, verstreichen. Jetzt die Schinkenwürfel darüber streuen und den Spargel sternförmig verteilen. Als nächstes kommt der Käse. Er wird mit einem feuchten Messer in Scheibchen geschnitten und auf dem

Zutaten für einen Flammkuchen mit einem Durchmesser von 28–30 cm:

- ✓ 250 g grüner Spargel,
- ✓ 200 ml frische Sahne, oder 100 ml Milch und 100 ml Sahne gemischt,
- ✓ 1 Ei,
- ✓ 100 g Langres, ein Weichkäse aus der gleichnahmigen Stadt im Département Haute-Marne,
- ✓ 2 Scheiben gekochter Schinken,
- ✓ 1 Prise Salz,
- ✓ Salz für das Spargelwasser,
- ✓ frisch gemahlener oder im Mörser zerstoßener schwarzer Pfeffer,
- ✓ 2 EL Butter.

Dazu empfehle ich Sekt Chardonnay brut

Kuchen ausgelegt. Zuletzt träufelt man noch den Rest der Ei-Sahnemischung über diesen Belag. Den „Flammkuchen" auf der mittleren Schiene des auf 200° vorgeheizten Backofens 20 Min. backen. Der Käse ist dann geschmolzen und die Oberfläche goldgelb.

Aus diesem aromatischen, französischen Schnittkäse aus der Franche-Comté lässt sich ein ganz vorzüglicher Flammkuchen bereiten.
Aus 350 g Mehl und den weiteren angegebenen Zutaten einen Mürbeteig wie auf Seite 48 beschrieben zubereiten.

Comté-„Flammkuchen"

Zubereitung
Auf den vorgebackenen, abgekühlten Böden den frisch geriebenen Comté-Käse verteilen. In einer Schüssel dann Milch, Eier und Crème fraîche mit den Gewürzen kräftig mit dem Quirl verschlagen. Mit dieser Mixtur den Käse übergießen. Die Kuchen im vorgeheizten Backofen bei 170–180° etwa 20 Min. backen. Sie sollen von goldgelber bis leichtbrauner Farbe sein.

Zutaten für 2 Kuchen:

- ✓ 175 g Comté,
- ✓ 175 g Crème fraîche,
- ✓ 100 ml Milch,
- ✓ 2 große Eier,
- ✓ Salz,
- ✓ frisch im Mörser zerstoßener schwarzer Pfeffer.

Tipp

Diese Käsekuchen verströmen einen ganz besonderen Duft und sollten, in Tortenstücke geschnitten, heiß zu einem trockenen, weißen Wein gegessen werden.

Alternative

Bei dieser Flammkuchen-Variation kann ebenso gut ein Hefeteig für den Boden verwendet werden. Nur ein kleiner Rand muss, damit die Flüssigkeit nicht ausläuft, hochgezogen werden.

Für dieses Rezept eignet sich am besten ein Mürbeteig wie auf Seite 48 beschrieben.

„Flammkuchen" mit Hühnchen und Broccoli

Zubereitung

Die Hühnerbrust mit Wasser knapp bedeckt zum Kochen bringen, zusammen mit Suppenkräutern, Salz, einigen Pfefferkörnern und einem Stückchen Lorbeerblatt. Dann auf kleinem Feuer gar ziehen lassen. Das dauert ungefähr 30 Min. Den Topf von der Kochstelle nehmen und das Fleisch in der Brühe abkühlen lassen. Den in kleine Röschen zerlegten Broccoli in kochendem Salzwasser bissfest kochen, abschütten, zum Abschrecken kurz in Eiswasser werfen. Auf einem Seiher abtropfen lassen. Das Hühnchen in mundgerechte Happen schneiden. Auf dem vorgebackenen Boden das Fleisch und die Broccoliröschen verteilen, mit dem

Zutaten für einen Flammkuchen:

- ✓ 200 g Hühnerbrust, wenn möglich mit Haut und Knochen,
- ✓ 200 Broccoliröschen,
- ✓ 75 g Gruyère-Käse,
- ✓ 1 Ei,
- ✓ 150 ml frische Sahne oder eine Milch-Sahnemischung,
- ✓ Salz,
- ✓ frisch gemahlener schwarzer Pfeffer,
- ✓ Suppengrün,
- ✓ Gewürze für die Hühnerbrüste.

geriebenen Käse bestreuen. Ei und Sahne mit Salz und Pfeffer würzen und kräftig verquirlen, mit dieser Mixtur die Füllung übergießen. Im Backofen, auf 180° vorgeheizt, auf mittlerer Schiene 20–25 Min. backen.

Für einen Kuchen von 28–30 cm Durchmesser wird ein vorgebackener Boden aus Mürbeteig benötigt.

„Flammkuchen" mit Lachs und Spinat

Zubereitung

Tiefgekühlter Spinat muss völlig aufgetaut und trocken sein. Frischen Spinat kochen, gut abtropfen lassen und hacken. In einem kleinen Topf in der geschmolzenen Butter schwenken und mit Salz und etwas Pfeffer würzen. Den Lachs in mundgerechte, nicht zu dicke Happen schneiden und auf dem vorgebackenen Boden verteilen. Jetzt Ei und Sahne leicht salzen, pfeffern und verquirlen, mit dem Spinat vermischen und diese Mixtur auf dem Lachs verteilen. Im auf 200° vorgeheizten Backofen, auf der mittleren Einschubleiste wird der Lachskuchen 20–25 Min. gebacken und heiß auf den Tisch gebracht.

Dazu empfehle ich Jubiläums-Symphonie Weißer Burgunder trocken QbA

Tipp

Ein trockener Weißburgunder ist der ideale Begleiter zu diesem etwas anderen Flammkuchen.

Zutaten für einen Flammkuchen mit einem Durchmesser von 28–30 cm:

- ✓ 250 g Lachsfilet,
- ✓ 200 g gehackter Spinat, frisch oder aus der Tiefkühltruhe,
- ✓ 100 ml frische Sahne,
- ✓ 1 Ei, Salz
- ✓ frisch gemahlener schwarzer Pfeffer,
- ✓ 1 EL Butter.

Der Mürbeteig wie auf Seite 48 beschrieben eignet sich für diesen „Flammkuchen" am besten.

„Flammkuchen" mit Zwiebeln, Speck und Käse

Zubereitung

Große Speckstreifen ein- oder zweimal durchschneiden. Eine schwere Pfanne erhitzen, den Speck bei mäßiger Hitze goldbraun braten, herausnehmen und auf ein Küchenpapier zum Abtropfen legen. So wird überschüssiges Fett aufgesaugt. Die Zwiebel in Ringe schneiden, diese vierteln und in der Speckpfanne weich dünsten. Eier, Sahne oder die Sahne-Milchmischung, Salz und Pfeffer gut verquirlen, den Käse zumischen. Die vorgebackenen Böden mit Speck belegen, die Zwiebeln verteilen, darüber dann die Eimixtur gießen. Im auf 180° vorgeheizten Backofen wird der Kuchen 20–25 Min. gebacken. Goldgelb sieht er aus und duftet ganz köstlich.

Zutaten für den Belag von 2 Böden:

- ✓ 12 dünne Scheiben magerer, geräucherter Speck,
- ✓ 2 mittelgroße Zwiebeln,
- ✓ 2 Eier,
- ✓ 200 ml frische Sahne oder eine Sahne-Milchmischung,
- ✓ 150 g geriebener Schweizer Käse,
- ✓ ½ TL Salz (ist der Speck salzig, so muss man mit der Zugabe weiteren Salzes vorsichtig sein),
- ✓ frisch gemahlener oder im Mörser zerstoßener schwarzer Pfeffer.

Tipp

In Stücke geschnitten, nicht zu heiß aber gut warm, mit einem frischen, trockenen Riesling servieren.

mit Morcheln

Wenn Sie in einer besonders festlichen Runde beisammensitzen, so muss auf Flammkuchen nicht verzichtet werden. Nehmen Sie doch einfach ein Tütchen Morcheln und zaubern einen Festtagsflammkuchen.
Für den Boden einen Mürbeteig wie auf Seite 48 verwenden.

Festtagsflammkuchen

Zubereitung

Zunächst müssen die Morcheln nach Vorschrift gewaschen und eingeweicht werden. Danach die Flüssigkeit abgießen und die Pilze sorgfältig trocknen. In einem kleinen Topf die Butter schmelzen und die Pilze darin schwenken, bis alle gleichmäßig überzogen sind. Nun den Schinken in Würfel schneiden, Crème fraîche, Milch und Eigelb gründlich verquirlen, leicht salzen und pfeffern. Auf dem vorbereiteten Boden Morcheln und Schinken verteilen und mit der Mixtur aus Milch, Crème und Eigelb bedecken. Im vorgeheizten Backofen, auf der mittleren Einschubleisten wird der Festtagskuchen bei 180° 15–20 Min. gebacken und sofort serviert.

Tipp

20 g getrocknete Morcheln entsprechen 200 g frischen Pilzen.

Die angegebenen Zutaten sind für 2 Böden bemessen:

- ✓ 20 g getrocknete Morcheln,
- ✓ 100 g gekochter Schinken in 2 Scheiben geschnitten,
- ✓ 100 ml Crème fraîche,
- ✓ 100 ml Milch,
- ✓ 2 Eigelb,
- ✓ 1 EL Butter,
- ✓ Salz,
- ✓ frisch gemahlener schwarzer Pfeffer.

Dazu empfehle ich Sekt Schwarzriesling brut

Als Alternative zum Lauchflammkuchen bietet sich der pfälzische Lauchkuchen an. Er hat eher Ähnlichkeit mit einer lothringischen Quiche als mit einem Flammkuchen. In beiden Fällen dient ein Mürbeteigboden wie auf Seite 48 beschrieben als Grundlage.

Pfälzer Lauchkuchen

Zubereitung

Den gewaschenen Lauch in ½ cm dicke Ringe schneiden, blanchieren, abgießen und in einem kleinen Topf in der geschmolzenen Butter unter Schwenken fertig garen. Den Speck in feine Streifen schneiden, in einer Pfanne anbräunen und auf Küchenpapier legen, damit das überschüssige Fett aufgesaugt wird. Aus der Sahne, dem Ei und den Gewürzen mit dem Quirl eine Crème schlagen. Speck und Lauch auf dem vorgebackenen, abgekühlten Boden verteilen und mit der Eiersahne übergießen. Der Lauchkuchen wird im vorgeheizten Backofen bei 200° 20–25 Min. gebakken.

Tipp

Traditionell schneidet man den Lauchkuchen in Tortenstücke und serviert ihn in fröhlicher Runde zu einem trockenen Pfälzer Weißwein.

Dies sind die Zutaten, die für den Belag eines Kuchens benötigt werden:

- ✓ 60 g magerer, mild geräucherter Speck,
- ✓ 250 g Lauch (es darf auch ein wenig von den grünen Teilen dabei sein),
- ✓ 100 ml Sahne oder Crème fraîche,
- ✓ 1 Ei,
- ✓ 1 EL Butter,
- ✓ Salz,
- ✓ frisch gemahlener schwarzer Pfeffer,
- ✓ ein wenig Muskatnuss ist erlaubt.

Dazu empfehle ich Dornfelder rosè trocken

Der Betrieb

Ein Vorzeige-Unternehmen

Die Winzergenossenschaft Deutsches Weintor gehört heute zu den Top-5 der deutschen Genossenschaften. Sie ist eine der modernsten Trauben verarbeitenden Betriebe und das größte Weinbau treibende Unternehmen in der Pfalz. Die Genossenschaft mit ihren rund 450 Mitgliedern gilt als wegweisend vom Ausbau bis zum Produkt im Glas. „Alles über Wein“, das renommierte Weinmagazin, bestätigt dem Unternehmen, „ausgezeichnete Qualitäten zu fairen Preisen“ zu erzeugen. Die Zertifizierung nach IFS (International Food Standard) mit mehr als 99 Prozent der maximal erreichbaren Punkte ist ein weiterer Beweis für dieses Qualitätsstreben.

Das Sortiment an Rebsorten ist bewusst schmal gehalten. Burgunder, Riesling und Dornfelder sind die Hauptsorten. So wurde der Weintor-Dornfelder von den Lesern und der Redaktion der renommierten Fachzeitschrift „Weinwirtschaft“ schon neun Mal zum „Rotwein des Jahres“ gewählt.

INFO

Deutsches Weintor eG
An der Ahlmühle 1
76831 Ilbesheim
Tel. 06341/3815-0
Fax 06341/381569
E-Mail: info@weintor.de
Homepage: www.weintor.de
Probierstuben und Verkaufsstellen:
Bei der Genossenschaft in Ilbesheim:
Mo – Fr 9 – 12 Uhr und 13 – 17 Uhr
Sa 9 – 12 Uhr
Am Deutschen Weintor in Schweigen:
Täglich 10 – 18 Uhr

Die Gaststätte

Qualität im Glas und auf dem Teller

Direkt an der deutsch-französischen Grenze bei Schweigen betreibt die Winzergenossenschaft Deutsches Weintor nicht nur einen einladenden Probier- und Verkaufsraum, sondern auch eine Event-Gaststätte, die weit und breit ihresgleichen sucht.

Da ist zum einen das anspruchsvolle Restaurant, das in einer spannenden Mischung aus Weinstubenambiente und moderner Einrichtung eine kreative regionale Küche bietet, die vor allem durch saisonale Zutaten geprägt ist. Auf der Karte sind nicht nur deftige Pfälzer Speisen, sondern vor allem leichte Gerichte zu finden. Dass die Gäste von der Qualität im Glas und auf dem Teller begeistert sind mag man schon daran ablesen, dass inzwischen auch viele französische Gourmets den Weg ins Weintor finden.

Bei schönem Wetter bietet die große Terrasse mit ihren 250 Sitzplätzen einen herrlichen Blick über die Rheinebene bis hin zum Schwarzwald. Für Feiern und Tagungen steht ein großer Festsaal mit Empore und modernster Konferenztechnik zur Verfügung. Und außerdem gibt es mit der „Guten Stube" ein Trauzimmer, das 28 Gästen Platz bietet.

INFO

Restaurant Deutsches Weintor
Weinstraße 4
76889 Schweigen-Rechtenbach
Tel. 06342/9227888
E-Mail: restaurant@weintor.de
Homepage: www.weintor.de
Täglich geöffnet (kein Ruhetag)
11 – 22 Uhr (durchgehende Küche)

Profiqualität mit Genuss- und Lifestyle-Garantie

„Wir lieben Flammkuchen und das schmeckt man!" lautet das Erfolgsrezept der Flammkuchen Profi GmbH. Das Offenbacher Unternehmen backt Flammkuchen, die ebenso gut wie das „Elsässer Original" schmecken.
Unter dem Motto „Geschmack entsteht durch Qualität" verarbeitet Flammkuchen Profi ausnahmslos natürliche Zutaten in bester Bäckertradition. Die Produktpalette reicht von frischen Teigplatten zum Selbstbelegen bis hin zu fertig belegten Flammkuchen-Spezialitäten.

„Kross-artiges" – für jeden passend serviert

Damit die vorgebackene Produktqualität schnell und einfach gelingt und mundgerecht bei den Gästen ankommt, bietet Flammkuchen Profi unterschiedliche Größen und Formen. Der Klassiker ist in den Größen „oval" „rund" und „XXL" in vier Geschmacksrichtungen erhältlich.

Flammkuchen Profi GmbH

„Original Elsässer Art"

„Griechische Art"

Flammkuchen Profi bietet Caterern, Gastronomen oder Betreibern von Kantinen, Bistros, Bars, Clubs, Cafes, Gaststätten sowie von Hotels, Weingütern, Freizeitcentern oder Sportstudios eine trendige Alternative für die Speisekarte – inklusive Verleihservice für Öfen und Zubehör.

Und nicht nur auf Bier-, Wein- oder Straßenfesten schätzen die Gäste die leckere Speise in vier Geschmacksrichtungen in geselliger Runde. Flammkuchen Profi bietet speziell Petit- und Mini-Flammküchle für Empfänge und für die Hotelbar.

„Lachs & Shrimps“

„Süß mit Apfel“

Flammkuchen Profi GmbH

Flammkuchen Profi – einfach besonders

Testen Sie!

Sie werden den Unterschied schmecken!

Flammkuchen Profi backt im Steintunnelbackofen vor. Dadurch hat die Spezialiät – übrigens in jedem handelsüblichen Ofen oder Konvektomaten bzw. in allen Gastroöfen – gleichbleibende Qualität, einen kurzen krossen Biss und eine deutlich kürzere Backzeit.

Alle Flammkuchen werden von Hand belegt. Dadurch haben sie einen unverwechselbaren und individuellen Charakter. Guter Geschmack und die exzellente Produkt- und Verarbeitungsqualität gehen bei Flammkuchen Profi Hand in Hand. Guten Appetit!

GENUSS-KOMPLIZEN

Sie lassen sich nicht abspeisen mit Gerichten aus Tüten, Dosen und Gläsern? Sie möchten auch mal hinter das Produkt schauen? Dann werden Sie einfach Genusskomplize! Dieses kulinarische Lesebuch mit Schwerpunkt Pfalz führt sie hinter die Kulissen vieler Lebensmittel.

Fotografisch begleitet von Bjorn Kray Iverson, steigt Matthias F. Mangold in 19 Kapiteln sich tief wie unterhaltsam ein in Warenkunde und Geschichte, um danach jeweils einige herrliche Rezepte umzusetzen.

Dieses kulinarische Lesekochbuch stellt Pfälzer Genusskomplizen vor, die mit ihren Produkten in der Küche Akzente setzen. Matthias Mangold hat mit viel Liebe zum Detail Rezepte gesammelt und beschreibt gleichzeitig amüsant die Intentionen der Komplizen, vom „Essigdoktor" im Süden der Pfalz bis zu nordpfälzischen Lammprodukten.

GENUSSKOMPLIZEN

Matthias F. Mangold

29.80 €

ISBN-Nr. 978-3-937329-33-8

höma
VERLAG